2025년 11월 10일 초판 5쇄 펴냄

지음 · 이창우
펴낸이 · 이성호　　**펴낸곳** · (주)글송이
편집/디자인 · 이유미, 김현경, 임주용
마케팅 · 이성갑, 윤정명, 이현정, 문현곤, 이동준
경영지원 · 최진수, 이인석, 진승현

출판 등록 · 2012년 8월 8일 제 2012-000169호　　**주소** · 서울시 서초구 능안말 1길 1(내곡동)
전화 · 578-1560~1　　**팩스** · 578-1562　　**이메일** · gsibook01@naver.com

ⓒ이창우, 2021

ISBN 979-11-7018-596-3　74080
　　　979-11-7018-595-6 (세트)

*잘못 만들어진 책은 바꾸어 드립니다.

머리말

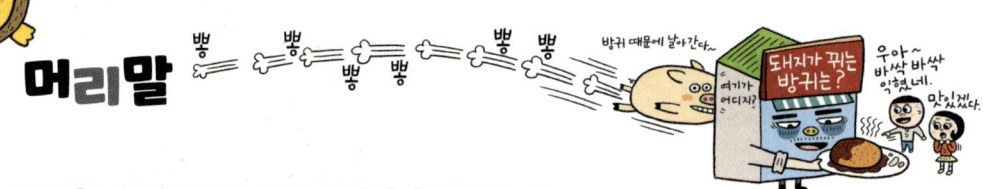

초등학교 국어 교과서에 실린 수수께끼 놀이

누구나 쉽게 하는 수수께끼 놀이, 하지만 막상 답을 맞히려고 하면
알쏭달쏭 답이 떠오르지 않아요. 수수께끼는 어휘력은 물론 상상력과 창의력,
사고력과 추리력이 한데 어우러진 놀이이기 때문이에요.
《웃다 보면 알게 되는 저학년 수수께끼》는 363개의 수수께끼를, 초등학교 2학년
국어 교과서를 토대로 '이름을 이용해 만든 수수께끼', '특징을 이용해 만든
수수께끼', '서로 다른 점을 이용해 만든 수수께끼'로 구분해
아이들이 즐길 수 있도록 되어 있어요.

재미있게 놀다 보니 어휘력이 쑥쑥!

교과 학습의 기본이 되는 어휘력, 어떻게 해야 효과적으로 익힐 수 있을까요?
《웃다 보면 알게 되는 저학년 수수께끼》를 놀이하듯 신나고 재미있게
익힌다면, 머릿속에 오랫동안 남아 어휘력의 기초가 탄탄하게 쌓인답니다.
추리력을 발휘해 수수께끼 답을 찾아내고, 비슷한말과 반대말을 익히며
자연스럽게 우리말의 재미를 느끼다 보면 어느새 어휘력이 향상되어 있을 거예요.

직접 만들어 즐기는 수수께끼 놀이

수수께끼를 푸는 것에만 만족하지 말고, '수수께끼를 만드는 세 가지 방법'을
이용해서 직접 수수께끼를 만들어 보세요. 주변에서 찾아볼 수 있는 사물을
상상력과 창의력을 발휘해 다양한 단어로 설명하다 보면, 저학년 수준을 뛰어넘는
확장된 어휘력을 갖출 수 있답니다.

자, 그럼 이제부터 어휘력을 키워 주는
《웃다 보면 알게 되는 저학년 수수께끼》 속으로 들어가 볼까요?

차례

알쏭달쏭! **이름** 수수께끼 —— 6
1~191번

알쏭달쏭! **특징** 수수께끼 —— 86
192~303번

알쏭달쏭! **다른 점** 수수께끼 —— 124
304~363번

정답 —— 150

수수께끼 만드는 방법 ①
이름을 이용해 만들기

보통 사물의 이름에 사용된 글자를 설명하거나 몇 글자를 이용해 수수께끼를 만들어요.

수수께끼 불은 불인데, 뜨겁지 않은 불은?
정답 이불

수수께끼가 어떻게 만들어졌는지 알면 답을 맞추는 데 도움이 돼요.

알쏭달쏭 이름 수수께끼 1~191번

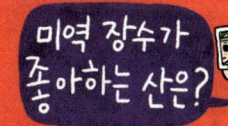

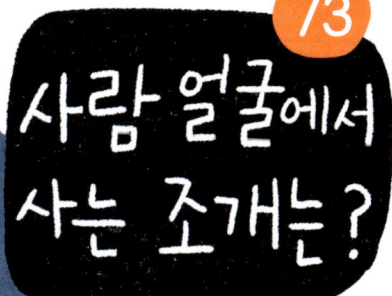

78.오이 79.오이무침 80.열무 81.이쑤시개

무야 내 박치기 맛 좀 봐라~

악!

지금 나를 친 거야?

싹둑 잘라서 시장에서 팔아야지~

흑흑흑...

81 어느 식당이든 다 키우고 있는 개는?

여기도!

△○대구탕 △△아귀짐 △○삼겹살

멍멍 바우와우 킁킁

아~잘 먹었다.

83

'슈퍼에서 일하는 남자'를 세 글자로 줄이면?

42 83.슈퍼맨 84.스타워즈 85.항복 86.발끈발끈

번쩍

아앗!

84 '스타들이 싸우는 전쟁'을 네 글자로 줄이면?

야, 싸우자!
그래, 덤벼라!

엣!

날름 날름

아앗!

위기다!

86 화가 난 사람이 찾는 끈은?

옥신 각신 ㄲㄲ

85 적에게 꼭 받아 내고 싶은 복은?

아이코, 저런

싸우지 마, 멍멍!

87. 천하장사가 타고 다니는 차는?

88 중학생과 고등학생이 타는 차는?

87. 으라차차 88. 중고차

반격이다.
혀로 꽁꽁 묶어라!
번쩍
꽥!
아앗!
십구맨
휘리릭
엇!
으악!
으악!
다시 살아났어!

조여서 숨을 못 쉬게 해라 이랴!
피융
십구맨
악! 으으
어? 이건 내가 좋아하는 끈인데?
천하장사까지 위기에…
척
척

이제 날려 버리자!

으라차차!

우락 부락

89 근육맨이 좋아하는 끈은?

크아악!

안되겠다, 납치하자!

근육맨

오~ 멋지다.

펑

와 와 와 또 이겼다!

펑!

와 와 와.

89. 울끈불끈

너무 힘이 세서 이길 수 없다.
납치해 가는 수밖에…
납치~ 발사
번쩍!
번쩍
앗!
또 뭐야?
크하하하하
납치 성공. 이제 공격이다!
번쩍
윙윙
안 돼!
안 돼~
십구맨
나는 왜?
나도 납치당해? 꿀꿀

90. 우하하

화르르르

전부 깡그리 불태워 버리겠다!

크아아아
나 화났다!

이제 끝인가...

앗, 불이다!

앗, 뜨거워!

악, 내 불!

쏴아아

앵앵앵
119

와, 소방차다!
와 와 와와

앗, 또 소다!
불은 다 꺼졌다.

뻥!

92. 소가 방에서 발차기를 하면?

감히 내게 물벼락을? 용서하지 않겠다!

저건 또 뭐야?

쿵 쿵쿵쿵쿵

십구만

93 **불꽃이** **좋아하는 글은?**

앗!

쿵쿵!

눈에서 활활 타오르는…

저 뭐?

십구만

누구세요? 혹시 우리 편?

음… 쇠, 불, 물을…

활 활

펑펑 쓰는 놈이 바로 너였구나!

전직 엿장수

와, 크다. 엄청 커~

94 **엿장수가 제일 싫어하는 쇠는?**

52   93. 이글이글   94. 구두쇠

활
활
활
끄억!
이럴 수가… 졌다.
먹고 나니 더 이글이글 해졌다!
십구맨
낭비 신고
1111-XXXX
구두쇠 협회
와~
ㄱㄱ
ㄱㄱ
ㄱㄱㄱ
흑흑… 다시 안 온다.
위잉—
그럼 이만~
고마워~
십구맨
너도 수고 해~
잘가~
자원 낭비 현장을 신고하세요. 깨끗하게 먹어 치웁니다.
만세, 만세~
쿵
쿵

사람들이 몸에 지니고 다니는 톱은?

114

피용! 앗!

뽕! 뽕! 뽕! 뽕!

손이랑 발에서 뭔가 솟아났어!

와, 톱이다!

이럴 수가! 내가 심은 모를 전부 잘라내다니…

싹둑 싹둑

전부 싹둑

풋!

싹둑 싹둑

풋!

오~ 환상적이야!

이건 반칙이야!

반칙해도 된댔어.

가로

181. 날지 못하는 제비는?
183. 풀 중에 가장 좋은 풀은?
185. 난은 난인데, 향기가 없는 난은?
187. 방울은 방울인데, 소리 안 나는 방울은?
189. 아무것도 넣을 수 없는 주머니는?

세로

182. 사람들이 즐겨 먹는 제비는?
184. 이 세상 모든 것을 덮을 수 있는 풀은?
186. 나이가 많은 사람들이 자주 찾는 물은?
188. 개는 개인데, 날아다니는 개는?
190. 호주의 돈은?

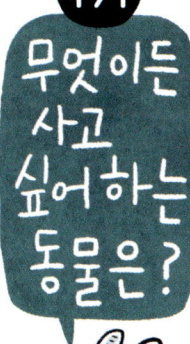

191. 무엇이든 사고 싶어하는 동물은?

정답은 150쪽에

수수께끼 만드는 방법 ②
특징을 이용해 만들기

사물의 **대표적인 특징**을 이용해 수수께끼를 만들어요.

수수께끼 맞고 오면 칭찬받는 것은?
정답 백점

수수께끼가 어떻게 만들어졌는지 알면 답을 맞추는 데 도움이 돼요.

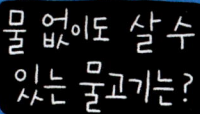

알쏭달쏭 특징 수수께끼 192~303번

옆으로 잘 가는데, 앞으로는 못 가는 동물은? 200

199. 코 200. 게

201. 걸레 202. 거울 203. 모자 204. 얼굴

204 깜빡이 아래 훌쩍이, 훌쩍이 아래 쩝쩝이가 있는 것은?

236.미용사 237.안과 의사 238.치과 의사 239.한의사 240.화장실

253.그림자 254.구멍 255.얼음 256.공기 257.방석

우주 택배 길 찾기

275 발로 긁을 수 있는 등은?

276 무는 무인데 늘었다 줄었다 하는 무는?

277 매일 말싸움이 벌어지는 곳은?

278 짜고 달고 쓰는 것은?

279 작지만 한번에 온 세상을 다 덮을 수 있는 것은?

280 거꾸로 매달린 집에 문이 수없이 달린 집은?

285. 캥거루 286. 달걀
287. 물 288. 풍선
289. 튜브

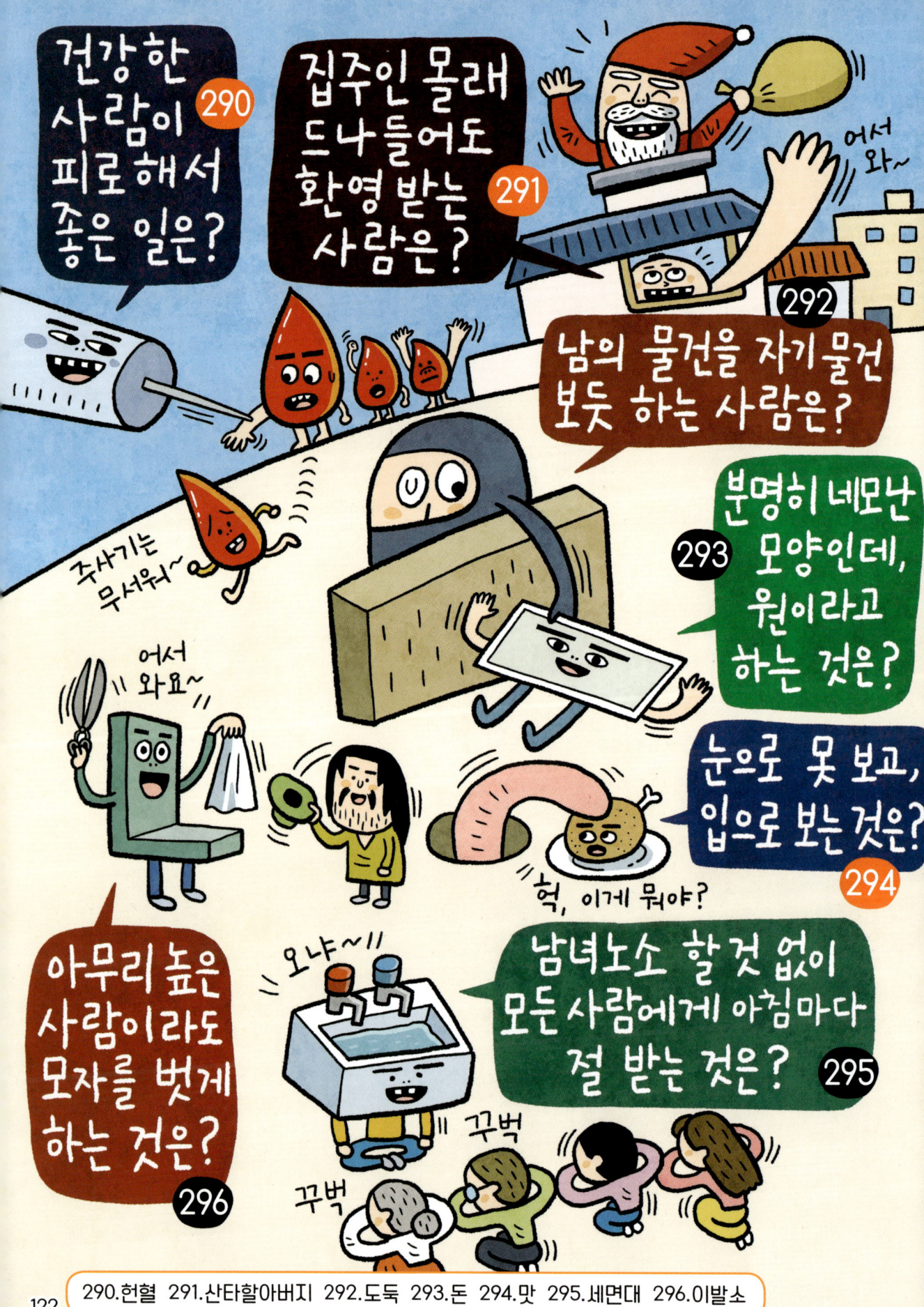

수수께끼 만드는 방법 ③
다른 점을 이용해 만들기

두 사물을 **비교해 서로 다른 점**을 찾아
수수께끼를 만들어요.

수수께끼 가벼우면 올라가고 무거우면 내려가는 것은?
정답 시소

수수께끼가 어떻게 만들어졌는지 알면
답을 맞추는 데 도움이 돼요.

알쏭달쏭 다른 점 수수께끼 304~363번

330.빨랫줄 331.수영복 332.망원경 333.옷

334. 밝을 때는 쫓아 다니다가 어두울 때는 감쪽같이 사라지는 것은?

335. 풀기만 하고 감지는 못하는 것은?

334. 그림자 335. 콧물 336. 눈사람 337. 바지 338. 숟가락 339. 주전자 340. 도시락

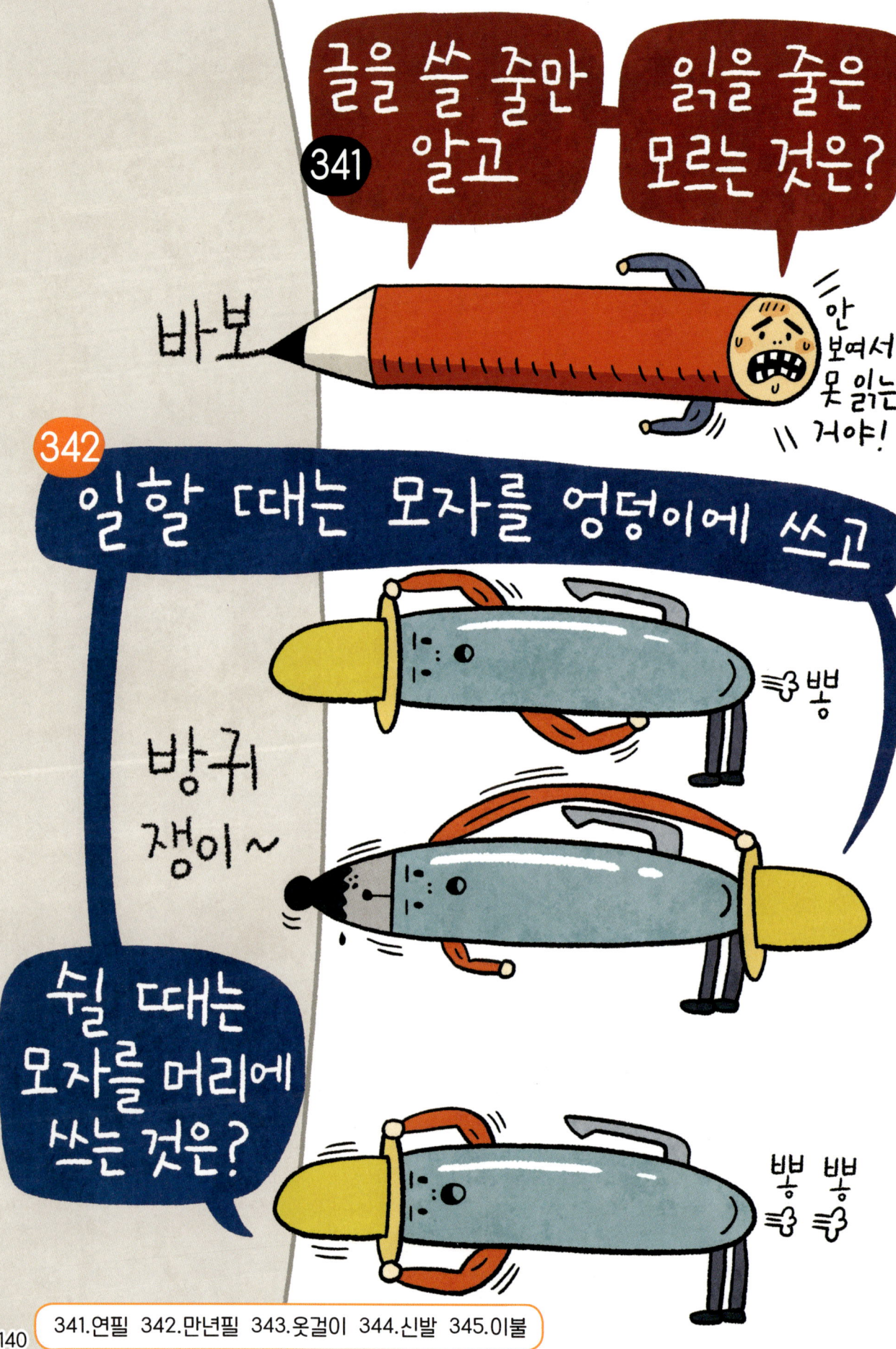

346 해가 있으면 고개를 드는데

안녕~

347 더우면 키가 커지고

348 여름에는 일하고

빙글 빙글

346.해바라기 347.온도계 348.에어컨, 선풍기

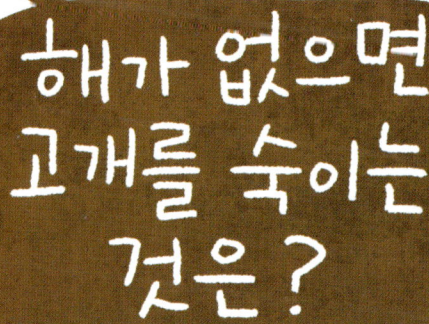

358 처음에 쓰러지면 실망하지만, 끝에 쓰러지지 않으면 실망하는 것은?

359 내려갈 때는 가볍고 올라올 때는 무거운 것은?

360 오지 말라 해도 오고, 가지 말라 해도 가는 것은?

두레박 세월 도미노

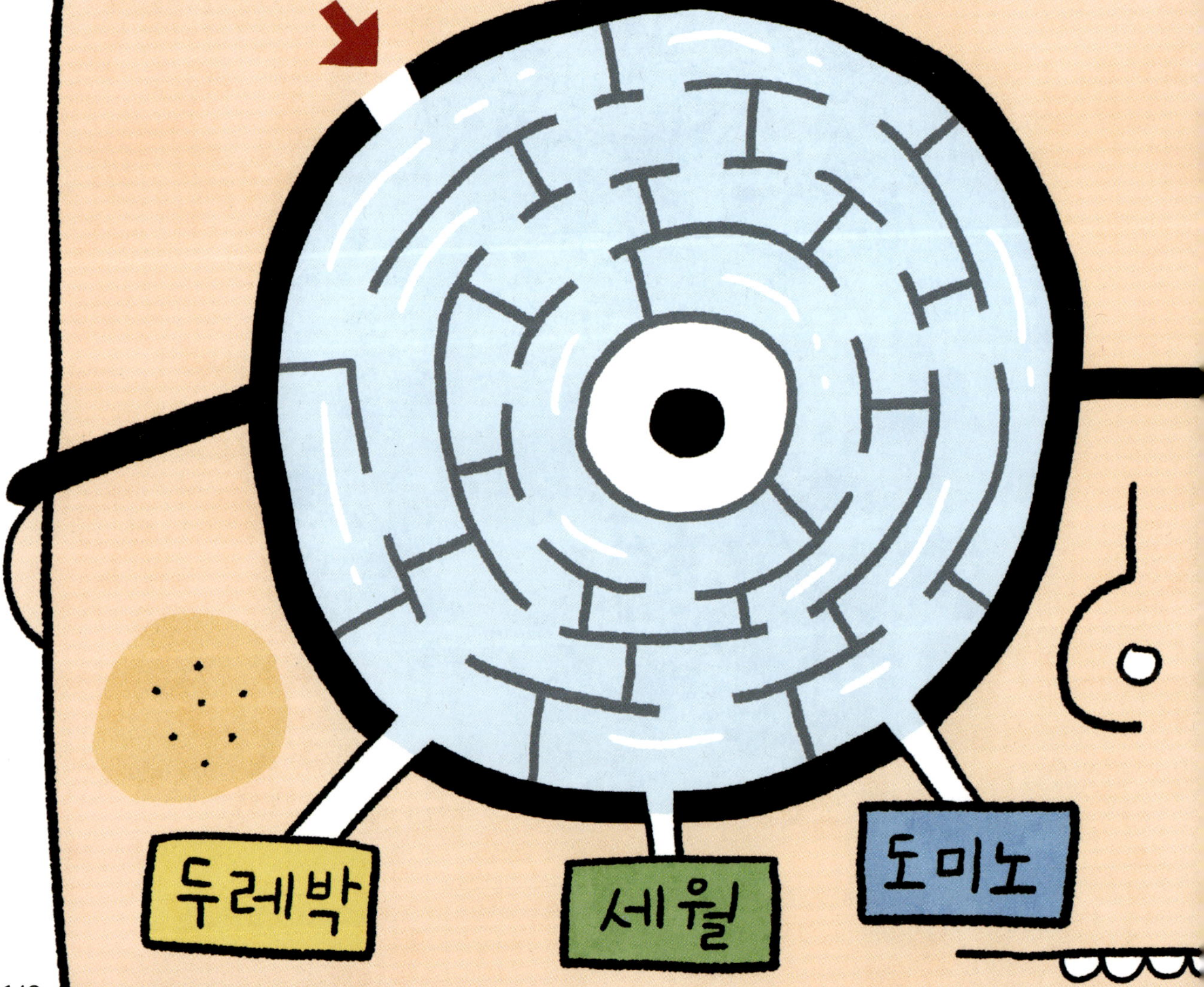

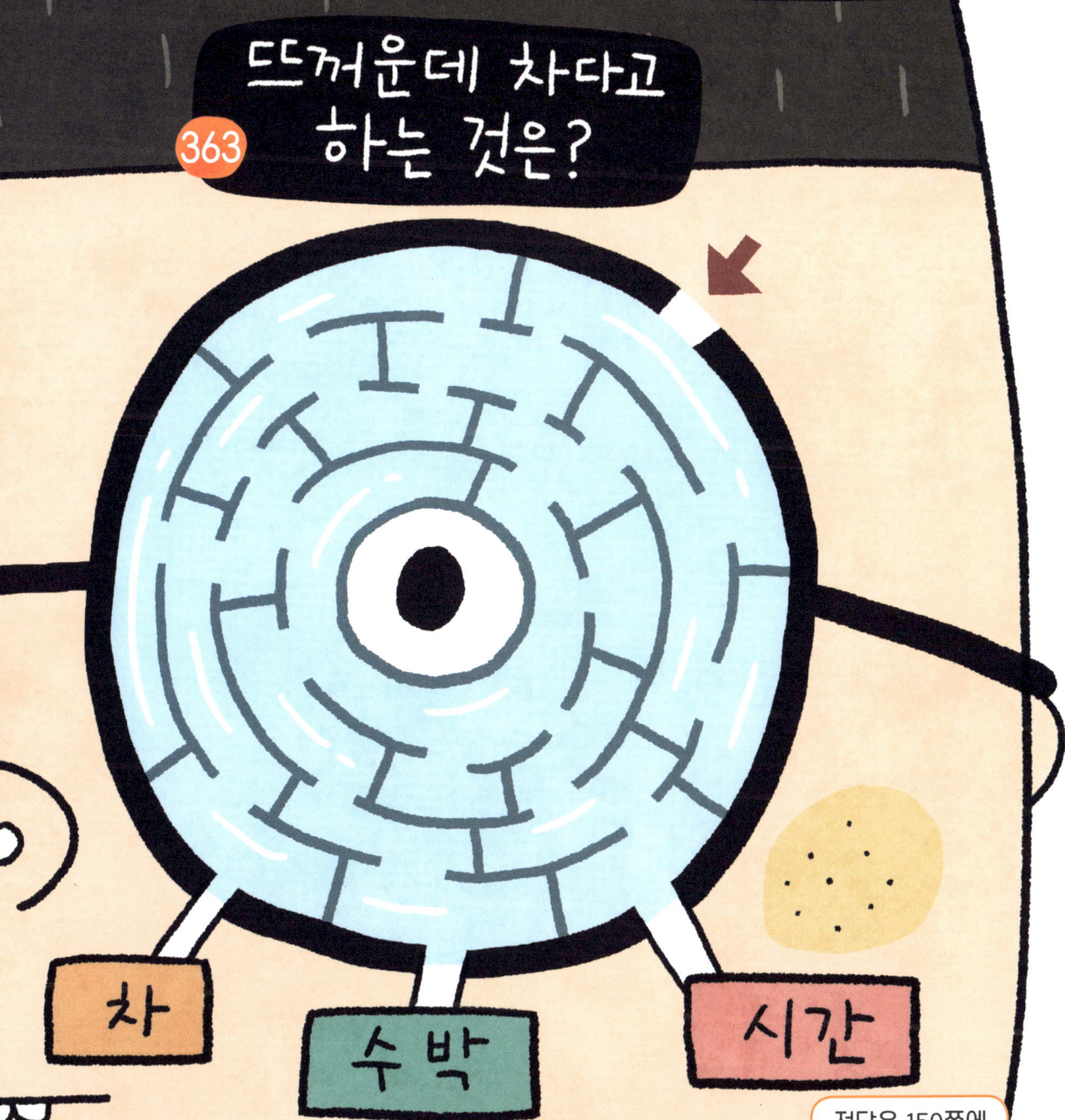

30 - 31p 정답 50.⑤검색 51.매끈매끈 52.따끈따끈, 뜨끈뜨끈
53.지끈지끈 54.절약 55.질색

84 - 85p 정답 선 잇기 게임
172.우왕좌왕 173.보리 174.벌집 175.월드컵
176.사과 177.한가위 178.하이에나
179.백합 180.운동화

가로세로 퀴즈
181.족제비 182.수제비 183.원더풀 184.눈꺼풀
185.가난 186.가물가물 187.솔방울 188.솔개
189.아주머니 190.호주머니 191.사자

118 - 119p 정답 275.손등, 발등 276.고무 277.경마장
278.문짝 279.눈꺼풀 280.벌집 281.잠꼬대
282.튀김 283.개그맨, 코미디언 284.할미꽃

148 - 149p 정답 358.도미노 359.두레박 360.세월
361.시간 362.수박 363.차

《이종 수중 생물 올스타 대결전》에서 현실과 상상을 넘나드는 수중 생물들의 배틀을 만나 보세요.

야마구치 빈타로우 지음

과학 학습 도감
최강왕 시리즈 현 29권